Inhalt

Marktwirtschaft in China

Kernthesen

Beitrag

Fallbeispiele

Weiterführende Literatur

Impressum

Marktwirtschaft in China

F.Muretta

Kernthesen

- In den letzten zehn Jahren wurden in China 25 Millionen Unternehmen neu gegründet. (2)
- Die chinesische Privatwirtschaft boomt. Direktinvestitionen in Rekordhöhe (50 Milliarden Euro) flossen im Jahr 2002 ins Land. (2)
- Wächst die Volkswirtschaft Chinas mit der gleichen Rate wie bisher, wird sie in 15 Jahren die größte der Welt sein. (2)
- Im Zuge des Beitritts zur Welthandelsorganisation (WTO) musste China zusichern, seine bisher sehr hohen Handelsbarrieren schrittweise zu lockern.

Das dadurch entstehende Absatzpotential für deutsche Unternehmen ist aufgrund der ungeheuren Größe des chinesischen Marktes immens. (1)
- Die Hauptprobleme Chinas sind eine zu hohe Arbeitslosigkeit, Migrationsbewegungen vom ländlichen Raum in die Städte und ein auf das neue Wirtschaftssystem zurückzuführendes wachsendes Gefälle zwischen Arm und Reich. (2)

Beitrag

Seitdem Deng Xiaoping vor zehn Jahren die wirtschaftliche Öffnung der Volksrepublik China nach Westen eingeläutet hat, hat sich das Leben im Reich der Mitte drastisch verändert. Nicht weniger als 25 Millionen neue Privatunternehmen sind entstanden. Die Marktwirtschaft brachte einerseits Wohlstand, Konsum und Wirtschaftswachstum mit sich, andererseits aber auch Arbeitslosigkeit, Landflucht, ein zunehmendes Reichtumsgefälle und eine Schwächung der ohnehin labilen sozialen Sicherungssysteme. (2)

Wirtschaftswachstum

Chinas Volkswirtschaft ist eine der am schnellsten wachsenden weltweit. Das Bruttoinlandsprodukt beträgt umgerechnet 1,2 Billionen Euro, im Vergleich zum Vorjahr ein Wachstum um acht Prozent. Wachstumsraten in solchen Größenordnungen werden in China schon seit Jahren erreicht. Mindestens noch bis zum Jahr 2008 soll sich an dieser Entwicklung nicht viel ändern. Die Preise sind darüber hinaus weitgehend stabil; Handels- und Leistungsbilanz weisen Überschüsse auf. Das Außenhandelsvolumen liegt 2002 voraussichtlich bei 0,6 Billionen Euro, die Auslandsinvestitionen auf einem Rekordniveau von über 50 Milliarden Euro. (2), (3)

Wohlstand und Konsum

Vor allem in den Ballungsräumen (Schanghai, Peking) bedeutet der wirtschaftliche Boom für die Bevölkerung ein Leben in Wohlstand. Mittlerweile verfügen 300 Millionen der insgesamt ca. 1,2 Milliarden Chinesen über eine Kaufkraft, die den Erwerb moderner Konsumgüter nach amerikanischem und europäischem Vorbild zulassen.

Ein Markt, der in seiner Größe in etwa dem der Europäischen Union entspricht. Bis zum Jahre 2020 beabsichtigt die Kommunistische Partei, in China eine moderne Wohlstandsgesellschaft zu errichten. Das Bruttoinlandsprodukt soll sich bis zu diesem Zeitpunkt vervierfacht haben. (3), (4)

Arbeitslosigkeit und Landflucht

Die Unterschiede in Einkommen und Lebensstandard zwischen Stadt- und Landbevölkerung klaffen immer weiter auseinander. Aus diesem Grund entscheiden sich viele der Bewohner der ländlichen Gegenden zur Abwanderung in die entwickelten Küstenregionen und Ballungsgebiete. Die wachsende soziale Ungleichheit führt außerdem zu sozialen Auseinandersetzungen, wie z. B. die Arbeiterunruhen in Heilongjiang und Liaoning. (2)

Das neue System bringt offensichtlich nicht nur Gewinner hervor. Trotz des anhaltend hohen Wirtschaftswachstums ist eine Zunahme der Arbeitslosigkeit zu verzeichnen. Von den insgesamt ca. 1,2 Milliarden Chinesen sind 730 Millionen arbeitsfähig. Davon sind 20 jedoch Prozent arbeitslos. (2)

Die Arbeitslosigkeit wächst, obwohl immense Mengen ausländisches Kapital ins Land fließen. Um den Arbeitsplatzmangel und die soziale Unrast nicht noch weiter zu verschärfen, werden marode Staatsbetriebe, die unter marktwirtschaftlichen Bedingungen nicht wettbewerbsfähig sind, mit Krediten der vier großen Staatsbanken gestützt. (2)

Direktinvestitionen

Die USA, das Land, welches bisher auf Platz eins der Rangliste der ausländischen Direktinvestitionen rangierte, wird seine Stellung vermutlich an China abtreten müssen. Neben international operierenden Konzernen wie Nokia, Bayer oder Sony investieren auch klassische mittelständische Firmen aus Deutschland in Chinas riesigem Markt. (2)

In einer so jungen Marktwirtschaft bieten sich viele Chancen. Allerorts schießen junge Unternehmen aus dem Boden, die neu ausgestattet werden wollen. Eine Investition in den chinesischen Markt ist jedoch nicht risikolos. Übermäßige Regulierung, eine undurchsichtige Bürokratie und scheinbar willkürliche Entscheidungen der Behörden behindern oftmals die Bestrebungen ausländischer Investoren. Zudem sind oftmals staatliche Außenhandelsfirmen in die Verhandlungen eingebunden, die für ihre im Grunde überflüssigen Vermittlungsdienste entlohnt werden wollen. (1)

Handel

Seit dem WTO-Beitritt ist China dazu verpflichtet, seine immens hohen Importzölle abzubauen. Augenblicklich wird beispielsweise für Autos ein Zoll in Höhe von 100 Prozent erhoben. In den nächsten fünf Jahren soll dieser auf 25 Prozent gesenkt werden. Auch die Zölle für Bau-, Maschinenbau- und Konsumgüter sollen schrittweise verringert werden. Für die deutsche Exportbranche entsteht dadurch ein gewaltiges Absatzpotential. (1)

Fallbeispiele

Sachsen

Sachsen betreibt regen Handel mit China. Im Jahr 2000 wurden Güter und Dienstleistungen im Wert von 189 Millionen Euro exportiert. Das sind zwei Prozent der Gesamtexporte des Bundeslandes. Insbesondere Holzprodukte, Elektrotechnik und Autos werden ausgeführt. Die Ansiedlungsmöglichkeiten für sächsische Firmen in China sind viel versprechend. Die Provinz Jiangso beispielsweise bietet sich aufgrund ihrer strukturellen Ähnlichkeit an: wie in Sachsen sind hier hauptsächlich Firmen aus Fahrzeugbau, Maschinenbau und Elektrotechnik angesiedelt. In der Provinz Shanxi existiert bereits eine Gemeinschaft sächsischer Firmen. (1)

Kooperation der Versicherungsverbände

Im September 2002 ist eine vorerst auf drei Jahre beschränkte Kooperationsvereinbarung zwischen dem Gesamtverband der Deutschen Versicherungswirtschaft (GDV) und der Insurance Association of China (IAC) in Kraft getreten. Das Abkommen beinhaltet eine Ausweitung des

Informationsaustausches und die Zusammenarbeit bei der Aus- und Weiterbildung. Der chinesische Versicherungsmarkt, welcher derzeit noch von staatlichen Versicherungsunternehmen beherrscht wird, wächst jährlich um ca. 15 Prozent. Ausländische Versicherungen haben einen Marktanteil von ca. zwei Prozent. Gerling, Allianz und die Münchner Rückversicherung sind die einzigen deutschen Versicherungsunternehmen, die zurzeit auf dem chinesischen Markt zugelassen sind. (5)

Schanghai bedroht Hongkong und Singapur

Durch das ungebremste Wachstum Schanghais und der anderen chinesischen Hafenstädte laufen Hongkong und Singapur Gefahr, ihre bisherige Stellung als Machtzentren zu verlieren. Mit der marktwirtschaftlichen Öffnung Chinas hat Hongkong als ehemals wichtigster Handelsposten vor den Grenzen der Volksrepublik stark an Bedeutung verloren. Die überhöhten Mieten und Löhne, die aufgrund der besonderen Lage Hongkongs jahrelang gang und gäbe waren, sind nun nicht mehr zu rechtfertigen. Ein ähnliches Schicksal hat der Stadtstaat Singapur zu erleiden. Löhne und Arbeitslosigkeit sind hoch. Die ehemals als sinnvoll erachtete Spezialisierung auf Logistikdienstleistungen und Elektronik entpuppt sich als Fehlentscheidung. Die wachsende Anzahl von Flug- und Seehäfen im Nachbarstaat Malaysia beschert Singapur darüber hinaus weitere Schwierigkeiten in Form von Konkurrenz. (7)

Weiterführende Literatur

(1) Stölzel, Thomas, Sinkende Zölle und wachsender Wohlstand machen China auch für sächsische Unternehmen interessant, Leipziger-Volkszeitung, 26.10.2002, S. 9
aus WirtschaftsBlatt, 13.08.2002, Nr. 1684, S. A6

(2) Höfling, Michael, Wann überholt China die USA?, Welt am Sonntag, Jg. 53, 15.12.2002, Nr. 50, S. 35
aus WirtschaftsBlatt, 13.08.2002, Nr. 1684, S. A6

(3) China - Neue Führung, neue Reformperspektive
aus Die SparkassenZeitung, 22.11.2002, Nr. 47, S. 3

(4) Chinas Führung ökonomisch unter Zugzwang Reichtumsgefälle und Arbeitslosigkeit nehmen zu
aus Neue Zürcher Zeitung, 12.11.2002, Nr. 263, S. 19

(5) China-Beziehungen auf fester Basis

aus Versicherungswirtschaft, 1.11.2002, 57.Jg., Nr. 21, S. 1715

(6) Der asiatische Handel soll ein neues Gesicht bekommen
aus Frankfurter Allgemeine Zeitung, 11.11.2002, Nr. 262, S. 16

(7) Die drei ungleichen Schwestern Asiens ringen um die Macht
aus Frankfurter Allgemeine Zeitung, 07.10.2002, Nr. 232, S. 16

Impressum

Marktwirtschaft in China

Bibliografische Information der deutschen Nationalbibliothek

Die Deutsche Nationalbibliothek verzeichnet diese Publikation in der deutschen Nationalbibliografie; detaillierte bibliografische Daten sind im Internet über http://dnb.d-nb.de abrufbar.

ISBN: 978-3-7379-1581-6

© 2015 GBI-Genios Deutsche Wirtschaftsdatenbank GmbH, Freischützstraße 96, 81927 München, www.genios.de

Alle Rechte vorbehalten. Dieses Werk ist einschließlich aller seiner Teile – z.B. Texte, Tabellen und Grafiken - urheberrechtlich geschützt. Jede Verwertung außerhalb der Grenzen des Urheberrechtsgesetzes bedarf der vorherigen Zustimmung des Verlags. Dies gilt insbesondere auch für auszugsweise Nachdrucke, fotomechanische Vervielfältigungen (Fotokopie/Mikroskopie), Übersetzungen, Auswertungen durch Datenbanken oder ähnliche Einrichtungen und die Einspeicherung und Verarbeitung in elektronischen Systemen.